BEI GRIN MACHT SICH IHR WISSEN BEZAHLT

- Wir veröffentlichen Ihre Hausarbeit,
  Bachelor- und Masterarbeit

- Ihr eigenes eBook und Buch -
  weltweit in allen wichtigen Shops

- Verdienen Sie an jedem Verkauf

Jetzt bei www.GRIN.com hochladen
und kostenlos publizieren

Lena Kölblin

Sozialpsychiatrische Einrichtung als Maßregelvollzug

Über Jugendliche Straftäter in der sozialpsychiatrischen Einrichtung

GRIN Verlag

Bibliografische Information der Deutschen Nationalbibliothek:

Die Deutsche Bibliothek verzeichnet diese Publikation in der Deutschen National-
bibliografie; detaillierte bibliografische Daten sind im Internet über http://dnb.d-
nb.de/ abrufbar.

Impressum:

Copyright © 2009 GRIN Verlag, Open Publishing GmbH
Druck und Bindung: Books on Demand GmbH, Norderstedt Germany
ISBN: 978-3-640-76230-9

Dieses Buch bei GRIN:

http://www.grin.com/de/e-book/160066/sozialpsychiatrische-einrichtung-als-mass-
regelvollzug

SOZIALPSYCHIATRISCHE EINRICHTUNG ALS MAßREGELVOLLZUG

ÜBER JUGENDLICHE STRAFTÄTER IN DER SOZIALPSYCHIATRISCHEN EINRICHTUNG

ausgearbeitet von Lena Kölblin

Ausarbeitung zur Präsentation in M 11

Sozialarbeit in der Kinder- und Jugendpsychiatrie

Datum: 29.Juni 2009

FH Braunschweig/Wolfenbüttel

Fachbereich Sozialwesen

INHALTSVERZEICHNIS

Kapitel 1: Der Weg in den Maßregelvollzug

Als materielle Voraussetzung für die Unterbringung in einem sozialpsychiatrischen Krankenhaus oder in einer Entziehungsanstalt muss eine strafgerichtliche Anordnung mit rechtskräftigem Urteil nach §§ 63, 64 StGB vorliegen (Grünebaum/Volckart 2003, 5). Zudem kann eine Maßregel nur dann angeordnet werden, wenn eine rechtswidrige Anlasstat im Sinne des Strafgesetzbuches vorliegt, die entweder im schuldunfähigen Zustand (§ 20 StGB) oder unter erheblich eingeschränkter Schuldfähigkeit (§ 21 StGB) begangen wurde, und dadurch resultierend eine erhebliche und dauerhafte Gefahr für die Allgemeinheit besteht (Schaumburg 2003, 56).

Der Weg in den Maßregelvollzug

S t r a f t a t

Ermittlungsverfahren

mit

Begutachtung
§§ 20, 21 StGB ?
§§ 63, 64 StGB ?

Gerichtsverhandlung

§ 20 StGB **NEIN,**   § 21 StGB **JA**   § 20 StGB **JA**
§ 21 StGB **NEIN** od. **JA**

Haftstrafe   **Haftstrafe**   **Freispruch wegen**
                              und   **Schuldunfähigkeit**
                              § 63, 64 StGB   **und § 64 od. § 63 StGB**

Bewährung   Justizvollzugsanstalt   **Maßregelvollzugs-**
in   **einrichtung**
Freiheit

Abbildung 2: Der Weg in den Maßregelvollzug. Quelle: Matthießen 2002.

„Nur der Zusammenhang zwischen Anlasstat, Psyche des Täters und drohenden neuen rechtswidrigen Symptomtaten rechtfertigen eine Maßregel" (Grünebaum/Volckart 2003, 7). Dies wird durch einen gerichtlich bestellten Sachverständigen durch ein Gutachten festgestellt, es muss eine negative Kriminalprognose vorliegen, um eine Maßregel zu rechtfertigen. Die Schwere der Tat und die Gefahr für die Allgemeinheit muss hierbei im Verhältnis zur Einschränkung durch Unterbringung (§ 62 StGB) abgewogen werden. Möglich ist eine Haftstrafe in Verbindung mit Maßregelvollzugseinrichtungen oder ein Freispruch aufgrund von Schuldunfähigkeit mit einer Unterbringung auf unbestimmte Zeit in einer Maßregelvollzugseinrichtung (Matthießen 2002). In regelmäßigen Fristen von maximal 12 Monaten findet in einer sozialpsychiatrischen Einrichtung eine Überprüfung zur Notwendigkeit des Maßregelvollzugs statt (Schaumburg 2003, 10).

Kapitel 2: Ziele des Maßregelvollzugs

Eine Maßregel ist in allen Fällen eine Methode zur Sicherung und Besserung von Straftätern. Die Ziele des Maßregelvollzugs sind in den §§ 136, 137 StVollzG sowie § 12 PsychKG M-V verankert. Vorrangig soll die vom Patient ausgehende Gefahr abgewendet werden. Des Weiteren soll eine Besserung des Zustands bzw. eine Heilung der vorliegenden Erkrankung erfolgen. Als Mittel werden hierbei ärztliche, psycho- bzw. sozialtherapeutische und heilpädagogische Maßnahmen beschrieben, zudem soll eine berufliche wie auch soziale Einglierung stattfinden. Auch im Maßregelvollzug steht der Begriff der Resozialisierung wie bei allen Arten des Vollzugs im Vordergrund (Nitsch 2006, 39). Nach der Beendigung des Aufenthalts in einer sozialpsychiatrischen Einrichtung soll vom ehemaligen Patienten keine Gefahr für die Allgemeinheit mehr ausgehen und er soll in der Lage sein, sich in die Gesellschaft einzugliedern (Schaumburg 2003, 10). Maßregelvollzug ist immer im Zusammenhang von Patient, Behandlungsteam und Justiz zu sehen, nicht als lediglicher Krankenhausaufenthalt.

Kapitel 3: Betroffener Personenkreis

Wie in allen anderen strafrechtlichen Belangen kann sowohl für Erwachsene ab dem 21. Lebensjahr, als auch für Heranwachsende, Personen, die das 18.Lebensjahr, aber noch nicht das 21.Lebensjahr vollendet haben (§ 105 JGG), aber auch für Jugendliche ab dem 14. Lebensjahr bis zur Vollendung des 18. Lebensjahres (§ 1 Abs. 2 JGG), eine Maßregel in Betracht kommen (Grünebaum/Volckart 2003, 5). Es ist wie bei allen Straftaten der Grundsatz der Verhältnismäßigkeit (§ 62 StGB) zu beachten, das Verhältnis von der Straftat zur gleichzeitigen Gefahr, die vom Täter ausgeht. Männer und Frauen können gleichermaßen bei vorliegenden Voraussetzungen (vgl. Kapitel 1) zu einer Maßregel verurteilt werden.

Kinder vor der Vollendung des 14.Lebensjahres gelten in Deutschland als strafunmündig (§ 19 StGB), daher kommt für sie auch kein Maßregelvollzug in Betracht (Schmitt 2001, 85). Dennoch ist ein Aufenthalt in einer psychiatrischen Einrichtung außerhalb des Rahmens eines Maßregelvollzugs auch für Kinder möglich.

Die hauptsächlichen Deliktbereiche, die bei Jugendlichen und nach Jugendstrafrecht verurteilten Heranwachsenden zu einer Maßregel führen können, sind schwere Eigentumsdelikte, andauernde Verkehrsdelikte einschließlich der Unfallfolgen, Gewalt- und Sexualdelikte sowie Brandstiftung. Die Rückfallquote von jungen Menschen mit Persönlichkeitsauffälligkeiten ist allerdings wesentlich höher (Lösel 1998, 30ff.; Schneider 1991, 177ff.).

Kapitel 4: Jugendmaßregelvollzug

Es gibt keine spezifische Differenzierung zwischen einem Maßregelvollzug für Erwachsene und Jugendliche bzw. Heranwachsende. Jedoch herrscht für Jugendliche der Erziehungsgedanke wie in allen Bereichen des Jugendstrafrechts vor (Schmitt 2006, 88). Die Maßregel zur Sicherung und Besserung in Form der sozialpsychiatrischen Einrichtung muss ein erzieherisches Ziel beinhalten (Schöch 1995,90). Um dieses umsetzen zu können, muss der Jugendliche zunächst zur Teilnahme motiviert werden (Weissbeck/Brünger 2008). Specht formuliert folgende therapeutische Mindestanforderungen an eine forensischen Jugendpsychiatrie, die für eine Erreichung des gesetzlichen Auftrags von Besserung und

Sicherung von Nöten sind:

- Soziales Lernen muss innerhalb überschaubarer Größen und Grenzen in Abgrenzung zum Erwachsenenmaßregelvollzug stattfinden.

- Eine schrittweise Annäherung zu alltäglichen Lebensbedingungen wie Schule oder Berufsausbildung soll nach außen hin entwickelt werden.

- Mitarbeiter mit verschiedenen Fachrichtungen wie z.B. Sozialarbeit, Kinder- und Jugendpsychiatrie oder Psychotherapie sollen vor Ort sein und gemeinsam auf die Ziele der Maßregel hinwirken.

- Bei der Arbeit mit jungen, straffälligen und psychisch auffälligen Menschen muss Supervision und Fortbildung für die Mitarbeiter gegeben sein (1990, 15).

Kapitel 5: Statistik

Junge Menschen in einem psychiatrischen Krankenhaus als Maßregel sind eine Seltenheit. In Deutschland waren 2008 nur 503 Straftäter unter 25 Jahren in einer sozialpsychiatrischen Einrichtung untergebracht. Bei den jugendlichen Straftätern unter 18 Jahren werden in Deutschland zwischen 50 und 80 Personen vermutet (Weissbeck/Brünger 2008). Die Zahl derer ist im Vergleich zu den Vorjahren zwar leicht steigend (Statistisches Bundesamt 2008, 3), dennoch gibt es aufgrund der geringen Anzahl von Maßregelvollzugspatienten im Jugendalter keine speziellen Einrichtungen für junge Menschen (Weissbeck/Brünger 2008).

Abbildung 1: Strafvollzugsstatistik. Im psychiatrischen Krankenhaus und in der Entziehungsanstalt. Aufgrund strafrichterlicher Anordnung Untergebrachte (Maßregelvollzug). Quelle: Statistisches Bundesamt 2008, 8.

Alter	Psychiatrisches Krankenhaus und Entziehungsanstalt	Psychiatrisches Krankenhaus § 63 StGB	Entziehungsanstalt § 64 StGB
Gesamt	8943	6287	2656
Unter 25	841	503	338
25 – 30	1473	834	639
70 und mehr	103	100	3

LITERATURVERZEICHNIS

Grünebaum, R./Volckart, B. (2003): *Maßregelvollzug. Das Recht des Vollzugs der Unterbringung nach §§ 63, 64 StGB in einem psychiatrischen Krankenhaus und in einer Entziehungsanstalt.* München/Neuwied: Luchterhand.

Lösel, F. (1998): *Evaluation der Straftäterbehandlung: Was wir wissen und noch erforschen müssen.* In: Müller-Isberner, R./Gonzales Cabeza S. (Hrsg.): Forensische Psychiatrie. Schuldfähigkeit – Kriminaltherapie – Kriminalprognose. Gießener Kriminalwissenschaftliche Schriften, Bd. 9. Mönchengladbach: Forum Verlag Godesberg, 29-50.

Matthießen, T. U. (2002): *Maßregelvollzug – Was ist das? Welche therapeutischen Angebote gibt es für psychisch kranke Straftäter im NLKH Moringen.* Tagesveranstaltung „Psychose und Sucht" am 19. 10. 2002 in Hannover. Abgerufen am 22.06.2009. http://www.aanb.de/doku/thiessuwematthiessen19-10-.html

Nitsch, A. (2006): *Die Unterbringung von Gefangenen nach dem Strafvollzugsgesetz.* In: Schöch, H. et al: Kriminalwissenschaftliche Schriften. Band 15. Berlin: Lit Verlag.

Schaumburg, C. (2003): *Basiswissen Maßregelvollzug.* Bonn: Psychiatrie-Verlag.

Schmitt, B. (2001): *Kriminologie. Jugendstrafrecht. Strafvollzug.* Münster: Alpmann uns Schmidt Juristische Lehrgänge Verlagsgesellschaft mbH & Co. KG.

Schneider, H.-J. (1991) *Kriminologische Aspekte der Kinder- und Jugenddelinquenz.* In: Frank, C./Harrer G. (Hrsg): Drogendelinquenz, Jugendstrafrechtsreform. Berlin: Springer, 177-200.

Schöch, H. (1995): *Rechtliche Grundlagen der Psychotherapie im Straf- und
Maßregelvollzug.* In: Beier, K.M./Hinrichs, G. (Hrsg.): Psychotherapie mit
Straffälligen. Standorte und Thesen zum Verhältnis Patient – Therapeut – Justiz.
Stuttgart: G. Fischer, 90-98.

Specht, F. (1990): *Anforderungen an sozialtherapeutische Einrichtungen.*
Kriminalpädagogik, H. 18, 14-17.

Statistisches Bundesamt (2008): *Strafvollzugsstatistik. Im psychiatrischen Krankenhaus und
in der Entziehungsanstalt. Aufgrund strafrichterlicher Anordnung Untergebrachte
(Maßregelvollzug).* Abgerufen am 27.06.2009.
http://www.destatis.de/jetspeed/portal/cms/Sites/destatis/Internet/DE/Content/
Publikationen/Fachveroeffentlichungen/Rechtspflege/Krankenhaus
Massregelvollzug,property=file.pdf

Weißbeck, W./Brünger, M. (2008): *Psychotherapie im Maßregelvollzug bei Jugendlichen und
Heranwachsenden.* Abgerufen am 29.06.2009.
http://www.pfalzklinikum.de/uploads/media/Infoposter_Forensik.pdf